Barbara Schirmacher

Ein aufrechter Mensch

Mein Großvater Otto Globig

Barbara Schirmacher

Ein aufrechter Mensch

Mein Großvater Otto Globig

**Bibliografische Information
der Deutschen Nationalbibliothek**
Die Deutsche Nationalbibliothek
verzeichnet diese Publikation
in der Deutschen Nationalbibliografie;
detaillierte bibliografische Daten sind
im Internet über http://dnb.d-nb.de
abrufbar.

© 2018 Barbara Schirmacher
Herstellung und Verlag:
BoD – Books on Demand, Norderstedt
Lektorat: Dr. Erna R. Fanger
Covergestaltung: Marion Molter
ISBN 978-3-7481-1972-2

Für meine Mutter,

Margarethe Jacob, geb. Globig.

Mit ihrer Treue zu den Toten der Familie hat sie mir den Weg zu meinem Großvater ermöglicht.

Zeugnis wider das Verschweigen

Selten ist es das gelingende Leben, das Menschen dazu bewegt, ‚zur Feder zu greifen‘, in Wort und Schrift festzuhalten, was sonst dem Verschwinden preis gegeben wäre, Fragen nachzugehen, die im Raum stehen, ohne je gestellt worden zu sein. Aus guten oder schlechten Gründen. Und nicht selten ist es eine Art Lebensschmerz, der im Niederschreiben verhandelt wird. Ein Schmerz, der als Schatten eines diffusen Schweigenebels häufig nicht nur über der Existenz des Schreibenden hängt, sondern über Generationen hinweg Familien zu bedrängen und beschweren vermag.

So im Fall des hier vorliegenden „Ein aufrechter Mensch. Mein Großvater Otto Globig" von Barbara Schirmacher. So eindringlich wie berührend schildert sie ihren Kampf, dem Großvater auf die Spur zu kommen. Dem Großvater, dessen Existenz von einer Mauer aus Schweigen verhüllt schien. Der sich, einem befreundeten jüdischen Arzt die Treue haltend, den Nazis verweigert hat und damit in eine Spirale der Isolation geriet, die ihn und mit ihm seine Familie in den Abgrund riss. Ein Schicksal, das totgeschwiegen, dem Vergessen anheim gefallen wäre. Hätte nicht der Zufall der Enkelin den Anstoß gegeben, über Jahre hinweg so hartnäckig wie beharrlich jedem noch so kleinen Indiz nachzugehen, um die undurchdringlich anmutende Mauer, diesen Widerstand aus Schuld und Scham und Schweigen, der die Familie von der Wahrheit um seine Person zu trennen schien, Stück für Stück aufzubrechen. Nach dem Motto von Ingeborg Bachmann, „Die Wahrheit ist dem Menschen zumutbar" *, ist es ihr in dem ergreifenden Dokument gelungen, den von den Nazis unrechtmäßig Verurteilten und Gedemütigten zu rehabilitieren.

Nicht dass dies den Schmerz um das tragische Schicksal des Großvaters milderte, ist doch die Nähe, die seine Enkelin nach und nach im Zuge des Schreibens zu ihm herstellt, selbst für den Leser hautnah spürbar. Was bleibt, ist die so überzeugende wie tröstliche Botschaft: Über die Zeiten hinweg hält die Liebe der Wahrheit stand, unverbrüchlich und schön.

Erna R. Fanger
Hamburg, im November 2018

* Rede Ingeborg Bachmanns zur Verleihung des Hörspielpreises der Kriegsblinden vom 17. März 1959 in Bonn

Lieber Großvater,

ich bin noch nicht geboren, doch Du weißt, dass ich schon bei Mama im Bauch bin. Und ich weiß, dass Du heute der einsamste Mensch auf der Welt bist. Allein in einer Gefängniszelle, an einem Ort, wie er trostloser nicht sein kann. Jetzt, wo die Zellentür hinter Dir zugefallen ist und der Wachmann sich entfernt hat, bin ich, Deine erste Enkelin, zu Dir geschlüpft. Weil ich Dir etwas sagen muss. Etwas Wichtiges: Ich freue mich auf Dich, meinen Großvater! Ich hab Dich lieb. Ich freue mich darauf, Dich kennenzulernen, Dir näher zu kommen.

Deine ungeborene Enkelin

Im Sommer 1940

Jahrzehnte später

Jahrzehnte später stieß ich in einer Ausstellung in der Kaiser-Wilhelm-Gedächtnis-Kirche in Berlin auf ein Schwarz-Weiß-Foto. Es zeigte eine Zelle des Strafgefängnisses Tegel. Der Eindruck des düsteren schmalen Raumes legte sich augenblicklich beengend um meinen Brustkorb und ich wich unwillkürlich zwei Schritte zurück. Eine vom vergitterten Fensterchen schräg über Hocker und Pritsche einfallende Lichtbahn verstärkte die hoffnungslose Atmosphäre.

Die Ausstellung war einem der prominenten Gegner des Nationalsozialismus, Helmuth James von Moltke, gewidmet. Er und seine Frau Freya hatten während seiner Haftzeit fast täglich Briefe gewechselt. Sie schrieb ihm nach der Verurteilung zum Tode, es sei ihr ein Trost, dass er nicht für Hitler sterbe wie die vielen da draußen, sondern gegen ihn.

*

Mein Großvater war einer der kleinen Leute. Er führte ein anständiges, unauffälliges Leben, wie unzählige andere auch. Dennoch wurde er verurteilt. Sein Freund, der Rechtsanwalt, war nach der Verhandlung so erschüttert, dass er kaum bemerkte, wie der Zug von Berlin zurück nach Landsberg über die Oderbrücke rumpelte. Lange hat meine Großmutter ihm auf seinen Bericht hin den Rücken zugekehrt. Lange stand sie am Fenster und starrte mit ihren tiefblauen Augen blicklos nach draußen. In einer Wortlosigkeit, aus der sie ihr Leben lang nicht wieder herausfinden sollte, wenn es um ihren Mann ging.

Die Wahrheit über meinen Großvater, ein unter dem Nebel des Verschweigens verborgenes Geheimnis. Seit dem Besuch der Ausstellung rumorte es in mir, ließ mich nicht mehr los. Noch einmal löcherte ich Tante Gertrud, als sie bereits in ihren Achtzigern war. Als Angestellte der Polizeiverwaltung, das Büro mit Aussicht auf den Gefängnishof, hatte sie ihren Vater im Blickfeld, als er dort während der Untersuchungshaft seine Runden drehen musste.

Ob er einmal zu ihr hinauf gewinkt hat? Er wusste doch wahrscheinlich, in welchem Zimmer der Polizeiverwaltung ihr Schreibtisch stand. Ebenso wird ihm klar gewesen sein, dass sie ihn von oben sehen konnte. Aber – wollte er sich überhaupt zu erkennen geben? Oder lähmte ihn die Scham? Die Scham, den Blicken seiner Tochter ausgesetzt zu sein. Ohne die Möglichkeit, sich diskret der Situation zu entziehen. Jeden Tag wieder gezwungen, diese Stunde durchzustehen. Hinter seinem Vordermann her trottend im engen Kreis. Hände auf dem Rücken. Blick zu Boden. „Ich hab ihn gesehen, den Papa, im Gefängnishof, man kann sich ja vorstellen, wie mir zumute war", sagte sie. Dann schwieg sie wieder und es war klar, sie würde auch diesmal nicht weitersprechen. Ich nickte und begrub meine letzte Hoffnung, doch noch etwas über das hinaus, das ich von meiner Mutter über ihn wusste, von ihr in Erfahrung zu bringen.

*

Doch der Stein, der mit der Ausstellung in der Berliner Gedächtniskirche ins Rollen gekommen war, ließ sich nicht mehr aufhalten. Es arbeitete in mir. Meine Gedanken kreisten um die Ereignisse, die sich seit seiner Verhaftung abgespielt haben mochten. Die Bruchstücke, die ich herausbekam, ergänzte das Bewusstsein mit Bildern, die in mir aufstiegen, und Atmosphären und Empfindungen, die sie untermalten.

Der Familie, auch ihm selbst, musste klar gewesen sein, er würde im Gefängnis nicht lange durchhalten. Von Tag zu Tag spürte er den Druck in seinem Herzen stärker werden. Ein zierlicher Mann, von schlankem Knochenbau. Schon in guten Zeiten neigte er zur Hohlwangigkeit. Jetzt, in der Haft, vertieften sich die Schatten in seinem Gesicht von Tag zu Tag. Er atmete auf, als sein Rechtsanwalt, ein guter Freund der Familie, der an Sommerabenden gern auf ein Gläschen zu ihm in den Garten kam, endlich nach Wochen die Nachricht brachte, dass die Untersuchungshaft ein Ende haben würde. Die Gerichtsverhandlung war für den 3. Juni 1940 angesetzt. Allerdings nicht in Landsberg an der Warthe, sondern in Berlin. Am Sondergericht. Der Rechtsanwalt entschloss sich, dies nicht als schlechtes Omen zu nehmen, und ermutigte seinen Freund Otto nach Kräften. Wir fahren nach Berlin zu der Verhandlung und abends sind wir wieder zurück in Landsberg. Selbst die Nazis können aus einer solchen Bagatelle nichts Großes machen. Otto Globig fuhr also zuversichtlich nach Berlin. Mit Handfesseln, hinten auf der harten Holzbank der Grünen Minna, begleitet von einem Wachmann. An den vergitterten Fensterchen huschten die Chausseebäume des Warthebruchs in ihrer frühsommerlichen Pracht vorbei. Die Kirschbäume in seinem Garten hatten hoffentlich gut angesetzt. Wie jedes Jahr würde er einen Teil der Ernte zu Kirschwein verarbeiten. In einer Anwandlung behaglicher Tatkraft wollte er sich die Hände reiben und wurde sich ruckartig der Handfesseln bewusst. Das Polizeiauto rumpelte auf den Pflasterstraßen von Küstrin und Ottos Herz machte Sprünge. Das schmerzte. Wenn alles gut ging, würde er das Gericht als freier Mann verlassen. Dafür würde sein Verteidiger plädieren. Unbescholtener Bürger Landsbergs, nein, unbescholtenes Mitglied der Volksgemeinschaft, in tapferem Einsatz als Soldat im Ersten Weltkrieg hatte er dem Vaterland seine Gesundheit geopfert und brachte auch jetzt Opfer ohne Rücksicht auf die eigene berufliche Existenz. Sein eigentlich unabkömmliches Auto stand im Dienst der neuen Zeit und seine ausgedehnten Dienstfahrten in die Umgebung Landsbergs führte er, der gesundheitlich angeschlagene, vierundfünfzigjährige Angestellte der Victoria-Versicherung, mit dem Fahrrad aus.

Otto knirschte mit den Zähnen. Diese Hunde. Diese Hakenkreuz behängten Hunde. Grinsend zeigten sie die Zähne, als sie ihm den Autoschlüssel für kriegswichtige Zwecke abnahmen. Höhnisch grüßten sie ihn mit ihrem Heil Hitler aus dem offenen Wagenfenster seines Opel Olympia, auf dem Rücksitz zwei lachende junge Frauen.

*

Otto Globig war ein Junge vom Lande. Seine Mutter führte die Gastwirtschaft im Dorf Gruhno, Kirchspiel Friedersdorf, Kreis Luckau, wo er 1886 geboren wurde. Als sein Vater starb, war Otto gerade elf Jahre alt. Als die Mutter dem Vater ins Grab folgte, war er zwanzig. Nach Volksschule und Konfirmation arbeitete er in der Landwirtschaft, dann folgte der Militärdienst bei der Artillerie Seiner Majestät des Kaisers. Am 18. September 1911 wurde er bei der Victoria-Versicherung eingestellt. Der nun Fünfundzwanzigjährige arbeitete zunächst als Einnehmer. Ging von Tür zu Tür und kassierte wöchentlich die geringen Prämien für die Volksversicherung, eine 1892 eingeführte Lebensversicherung mit niedriger Versicherungssumme für die „untere Volksklasse", so eine Verlautbarung der Victoria. Aus dem Ersten Weltkrieg kam er mit einer dreißigprozentigen Kriegsbeschädigung an Herz und Magen zurück und schaffte es trotzdem, in den Inflationswirren nicht mit der großen Zahl der Einnehmer entlassen zu werden, sondern in der Victoria-Versicherung voranzukommen. Er wurde Generalagent für Landsberg und Umgebung mit einem monatlichen Gehalt von 250.- Reichsmark plus Reisespesen und konnte sich

1934 sein erstes Auto leisten, einen Ford Cabrio, stolzes Zeichen seines Erfolges. Die beiden Töchter Gertrud und Gretel, meine Mutter, mit ihren damals zwanzig und neunzehn Jahren fast volljährig, machten bald den Führerschein und genossen eine weitere Facette ihres sorglosen Lebens als berufstätige, finanziell unabhängige junge Frauen. Ihr Vater ließ sie großzügig ans Steuer, wie er überhaupt seinen behaglichen Wohlstand gerne mit Freunden und Bekannten teilte. Er liebte Geselligkeit im sommerlichen Garten und an Winterabenden in der Meydamstraße bei Hausmusik und Kirschwein. Meine Mutter sprach gern von ihrem Papa; von ihr wusste ich, wie fröhlich er war und wie viel ihm daran lag, dass die Menschen um ihn herum es auch waren. Ich erinnere mich an das Foto auf der Anrichte in der Wohnstube im Heiligenhafen meiner Kindheit. Damals schienen mir seine Augen immer dunkel und traurig und ich hielt dem Bild nur deshalb etwas länger stand, weil die Mutter mit so warmer Stimme zu dem Foto hinsprach, mein Papa. Aber in mir scheute etwas davor zurück, Fragen nach ihm zu stellen.

Er hatte es gerne lustig, sagte die Mutter, und ich stellte mir vor, er hätte mich als kleines Mädchen kennengelernt. Er hätte meine Hand in seine genommen und wir wären zusammen um den See in seinem Garten gewandert. Er hätte mir dunkelrote Kirschen über die Ohren gehängt und vielleicht hätte er im Gartenhaus einen festen Bogen Papier gefunden und mir einen Hut gefaltet. Dann wären wir vom Bootssteg aus in den kippligen Kahn geklettert. Er hätte die Ruder ins Wasser getaucht und mir die große weite Welt gezeigt. Ich habe eine Postkarte gefunden, die er aus einem Kurort geschrieben hat. Er musste gut auf sein Herz achten. Auf dieser Karte schrieb er der Oma: „Die Damen hier tragen neuerdings Dauerwelle. Das sieht sehr hübsch aus. Lass dir doch auch so etwas machen." Und außerdem ermahnte er sie, und das hat mich ganz innig berührt, weil ich an das heiß gedrückte Fünfzigpfennigstück dachte, mit dem ich als Kind auf dem Jahrmarkt haushalten musste, er hingegen ermahnte sie: „Lass die Kinder tüchtig Karussell fahren." Wenn mein Großvater mit mir zum Jahrmarkt gegangen wäre... Wie sehr vermisste ich ihn, wie sehr fehlte er uns allen.

Der Oma natürlich, auch wenn sein Temperament ihr manchmal fremd gewesen sein mag. Sie war eher eine Stille. Sie wird sich schon länger Sorgen um ihn gemacht haben. Er war zu unvorsichtig, fand sie. Aber er hatte darauf bestanden: „Ich lasse mir meinen Freund nicht verbieten." Dr. Aronson, der Hausarzt der Großeltern, kam an den Sonntagnachmittagen regelmäßig zu ihnen in die Meydamstraße, als er seine Praxis schon längst nicht mehr führen durfte als Jude. Bei Zigarrenrauch und Kirschwein ließen sie keinen Zweifel an ihrer Verachtung für die Nazis. Die Oma ging von Zimmer zu Zimmer und schloss die Oberlichter. Kein Wort sollte nach draußen dringen. „Du redest dich noch um Kopf und Kragen." Das war ihre Angst. Ihre Tochter Gertrud nickte ihr zu.

Dr. Aronson war vor Jahren Tag und Nacht zu Krankenbesuchen ins Haus gekommen, wochenlang. Damals lag meine Mutter, die jüngere der beiden Töchter, das siebenjährige Gretchen, mit großflächigen Brandwunden auf dem Laken. Er hat sie durchgebracht. Als junge Frau hat sie ihn wiedergesehen. „Volksschädling", „Judenschwein" war auf das Pappschild geschmiert, das um seinen Hals hing. Er stand mit anderen auf der offenen Ladefläche eines Lastwagens. Die Oma sollte bei ihrer Sprachlosigkeit bleiben. Sie hat mir nicht eine Geschichte vom Opa erzählt. Für sie, die einfache Frau vom Dorf, mag seine Verurteilung und sein Tod wie ein Gottesgericht gewesen sein, grausam, vernichtend, zugleich unantastbar und unhinterfragbar. Sie beugte sich der Obrigkeit in Berlin. Und auch nach dem Ende des NS-Terrors sind weder sie noch ihre beiden Töchter auf die Idee gekommen, Fragen zu stellen.

Meiner Mutter, seinem Gretchen, die so zärtlich und unbedingt an ihm hing, hat er unendlich gefehlt. Sie als Zweitgeborene fand auf dem Schoß ihrer Mutter nicht den Platz, den sie brauchte. Er war besetzt von der nur gut ein Jahr älteren Schwester, ein für alle Mal. Da ist er eingesprungen, mein Großvater, und hat seiner Tochter Sicherheit gegeben und das Gefühl, willkommen zu sein. Das hat beide für immer verbunden.

Auch meinem Vater, seinem Schwiegersohn seit knapp einem Jahr, fehlte er sehr. Gerade hatte er ihm mit seiner Lebensfreundlichkeit völlig neue Sichtweisen eröffnet. Gerade erst hatte mein Vater eine Ahnung davon bekommen, wie gut es ihm tun könnte, diesen Mann zum Schwiegervater zu haben. Die Enttäuschung verzieh er ihm nicht. Er murrte. Als Versicherungsmann seine Lebensversicherung, die Versorgung der Oma aufs Spiel zu setzen, verantwortungslos. Er sagte das zwar nicht laut, aber für mich deutlich hörbar. Und was er sonst noch gedacht haben mag, behielt er für sich. Feige fand er ihn wahrscheinlich, nicht hart wie Kruppstahl, keine Kämpfernatur wie er selbst.

Lieber Großvater,

*heute schreibe ich Dir als erwachsene Frau.
Wir alle konnten das Entsetzen und die Er-
schütterung, die Dich im Gerichtssaal erfasst
haben mussten, nicht ermessen. Der Richter am
Sondergericht Berlin hatte Dich als Schmarot-
zer an der Volksgemeinschaft beschimpft, als
einen, der nur seine eigene kleine Bequemlich-
keit gesehen hätte, während um ihn herum alle
anderen in heldenhafter Opferbereitschaft für
den Sieg kämpften.*

*Heimtücke unterstellte er Dir, dem arglosen,
gutherzigen Mann. Heimtücke!*

*Der Präsident des Volksgerichtshofs, Roland
Freisler, sagte 1945 im Prozess zu dem gläubi-
gen Christen Helmuth James von Moltke: „Herr
Graf, eines haben das Christentum und wir Na-
tionalsozialisten gemeinsam, und nur dies eine:
Wir verlangen den ganzen Menschen." Diesen
Satz hat Moltke als den wesentlichen der Verhandlung seiner Frau Freya gegenüber be-
zeichnet. Mit Dir, Großvater, hat der Richter
nicht philosophiert. Aber genau gegen diesen*

Grundsatz des Nationalsozialismus hast Du verstoßen. Auch Du hast ihnen den ganzen Menschen verweigert, auf Deine Weise. Dafür wurdest Du nach dem Heimtückegesetz verurteilt, einem Gesetz, das sie schon 1934 erlassen und eigens für Leute wie Dich immer weiter verschärft hatten, besonders seit Beginn des Krieges. Zur Abschreckung. Zur Einschüchterung. Um das Schweigen der Mehrheit zu erzwingen. Du sollst Führer und Reich beleidigt haben. Deswegen hat der Staatsanwalt Dich nicht in Landsberg, sondern in Berlin angeklagt, am Sondergericht.

Es half nichts, dass Dein Verteidiger noch einmal den Tathergang schilderte. Den ungewöhnlich heißen Tag im Frühjahr 1940. Die Kräfte zehrende Radfahrt durch die kleinen Dörfer im tischebenen Warthebruch, brütend in Gewitterschwüle. Die Beratungen mit einer ganzen Reihe von Bauern über angemessene Beiträge für Haftpflicht und Feuerversicherung. Unterwegs auf der Straße der Schwächeanfall. Herzrasen, Druck in der Brust, Atemnot.

Ja, er war blass, bestätigte die Gastwirtsfrau, Zeugin der Anklage und einzige Zeugin überhaupt. Ja, der Schweiß lief ihm über das Gesicht. Aber wer schwitzte nicht bei der ungewöhnlichen Hitze. Ja, er schwankte, als er die Gaststube betrat, aber sie habe sich gedacht, der wird schon einiges geladen haben.

Großvater, wie oft wirst Du Dir diese Szene ins Gedächtnis gerufen haben. Der Baum umstandene Gasthof, ein Versprechen von Schatten und Frische. Der dämmrige stille Gastraum. Die Frau in mittleren Jahren, die den Tonkrug mit Bier vor Dich auf den Tisch stellt. Du trinkst. Du atmest auf. Du belebst Dich. Sie bleibt stehen. Einige Sätze gehen zwischen Euch hin und her. Das anrückende Gewitter. Die Heuernte. Die Fahrradstrecke. Ganz von Landsberg? Und heute noch zurück? Da springt Dir die Verzweiflung über die Lippen, die Erbitterung, die Wut wohl auch. Dein krankes Herz. Das beschlagnahmte Auto. Kriegswichtig, zum Lachen! Spazieren fahren die Bonzen! Und Du krepierst auf der Landstraße. Die Frau hört wortlos zu. Sie verschwindet für eine Weile im Raum hinter dem

Tresen. Lässt Dich in Ruhe in der Gaststube sitzen. Du erholst Dich langsam. Wieder auf der Landstraße, nähern sich zwei Radfahrer. Polizisten. Kommen Sie mit, Herr Globig. Sie nehmen Dich in die Mitte und liefern Dich ins Stadtgefängnis von Landsberg ein.

Es wird nicht wieder gut. Es löst sich nichts auf. Es erklärt sich gar nichts. Keine mildernden Umstände.

*

Die Todesnachricht, kam sie per Formular? Oder als kurzes formloses Schreiben? Auf dem letzten Blatt der Personalakte für Otto Globig aus dem Strafgefängnis Tegel findet sich unter dem Datum des 4.6.1940 in ausladender Handschrift der Vermerk: Der Strafgefangene Otto Globig hat sich in der Nacht zu heute erhängt. G. ist erst gestern hier eingeliefert. Anzeige des Beamten des Nachtdienstes II beigefügt. Unterschrift. Otto Globig wurde am Morgen des ersten Tages nach seiner Verurteilung um 6.45 Uhr tot aufgefunden. Ein verschlossener Sarg folgte. Die Beisetzung fand auf dem Landsberger Friedhof statt. Meine Eltern reisten aus Heiligenhafen an, Vater nicht in seiner Uniform als Feldwebel der Luftwaffe, sondern in Zivil. Der schwarze Anzug eilig beim Schneider in Auftrag gegeben, der Stoff leider Kriegsware, also steif und kratzig und später nie mehr getragen. Die Mutter schwanger mit mir, im fünften Monat. Um sie zu schonen, erzählte ihre Mama ihr, der Papa sei an Herzversagen gestorben. Natürlich stieß sie bei Bekannten in Landsberg auf ein befremdetes „Du weißt nicht, dass dein Papa selbst...?" Das war dann noch schlimmer, hat sie gesagt, und konnte ihrer Mutter die Lüge nicht verzeihen.

Es hat gedauert, tatsächlich Jahrzehnte, bis ich, Deine Enkelin, einigermaßen frei zu anderen Menschen von Dir sprechen konnte, Großvater. Über Deiner Person lag lange ein Schweigen aus Scham und Schande. Obwohl die Mutter immer zu Dir gehalten hatte, machte sich in der ganzen Familie hilfloses Verstummen breit, ratloses Totschweigen, das Dich noch einmal zu verurteilen schien. Verurteilen ist das falsche Wort. Es ist viel zu deutlich, zu klar umrissen. Deutliche Umrisse hätte man berühren, betasten, womöglich begreifen können. Aber so war es nicht. Die Wortlosigkeit legte einen Nebel über Dich. Was von Dir blieb, war ein schattenhaftes Gebilde, dessen wir uns schämten. Diese Scham war diffus und unbegreiflich mit Schuld vermischt. Noch als junge Erwachsene konnte ich keine Worte dafür finden. Es schien sie nicht zu geben.

Mir ließ das alles keine Ruhe, und vor zehn Jahren schrieb ich diesen Brief an Dich. Damals war ich sechzig Jahre alt und habe zum ersten Mal Opa zu Dir gesagt. Es war, als hättest Du darauf gewartet. Der Schweigenebel löste sich auf. Du kamst zum Vorschein, Du, mein Großvater, und Du kamst freundlich auf mich zu. Von da an klaubte ich die Mosaiksteinchen zusammen, die dann Dein Bild ergaben.

„Er war ein lebensfroher Mensch", habe ich zu einer Freundin gesagt. „Lebensfroh mag sein, lebensklug aber wohl nicht. Sonst hätte er nach dem Urteil nicht jegliche Fassung verloren. Was ist schon ein Jahr in einem ganzen Leben. Er wäre da wieder rausgekommen. Das Leben wäre weitergegangen."

In der schwärzesten Nacht Deines Lebens, hätten Dich diese Worte erreicht? Hätten sie Dich halten können vor dem Abgrund?

Die letzten Fragen des Gefängnisfragebogens zum Lebenslauf des Strafgefangenen 477 Globig, Otto, haben sie Dir die Ausweglosigkeit Deiner Situation vor Augen geführt?

*

*Frage 27: Was gedenken Sie nach der Entlas-
sung zu tun? Meinen Beruf weitermachen geht
nicht mehr. Wollen Sie Ihren früheren Beruf
wieder ergreifen oder sich einem neuen zuwen-
den und welchem? Wieder ergreifen lässt sich
nicht machen. So kurz und so trostlos.*

*Die letzten drei Unterfragen hast Du verneint.
Aber Du lässt ihnen kein ausgeschriebenes
Nein mehr zukommen. Jetzt zum Schluss setzt
Du nur noch ein Zeichen, einen schrägen Strich
von links unten nach rechts oben mit einem
Punkt darunter und darüber, die kürzest mög-
liche Mitteilung für: Trifft auf mich nicht zu.*

*Kennen Sie eine Person, die Ihnen bei Ihrer
Entlassung hilfreich zur Seite stehen wird?
Schräger Strich, zwei Pünktchen. Wer ist
dieselbe und wo wohnt sie? Schräger Strich,
zwei Pünktchen.*

*Wünschen Sie, dass die Anstaltsverwaltung
sich für Sie um Arbeit bemüht? Schräger Strich,
zwei Pünktchen. Trifft auf mich nicht zu. Trifft
alles auf mich nicht mehr zu.*

„Aber er war ein gläubiger Mensch", meine Mutter rang ihre Tränen nieder, „wie konnte er das tun." Und wenn der allerletzte Halt wegbricht? Wenn keine Antwort mehr kommt? Wenn es immer nur die eigene Stimme ist, die von den Wänden widerhallt? Mein Gott, mein Gott, warum hast du mich verlassen. Wenn es nicht mehr möglich ist, diese Klage aller Klagen nachzusprechen. Zu schreien. Zu flüstern. Wenn alles stumm wird, elend stumm und leer.

*

Großvater, ich habe um Dich getrauert. Dabei kamen unruhige Fragen auf, leise, aber hartnäckig. Was hat sich in der letzten Nacht wirklich in Deiner Zelle abgespielt? Warst Du allein? Wolltest Du überhaupt Deinem Leben ein Ende setzen? War womöglich Gewaltanwendung im Spiel?

Niemand aus der Familie hat den Toten gesehen. Der Sarg wurde so, wie er aus Berlin gekommen war, ungeöffnet, beigesetzt.

Antworten kamen aus dem „Forum für Justizgeschichte", einer Vereinigung von Juristen, die die deutsche Rechtsgeschichte des 20. Jahrhunderts erforscht. Magere Antworten. Aber immerhin. Immerhin soll heißen: Jemand reagiert. Jemand hat die Fragen gehört. Jemand hat sie ernst genommen und nach Antworten gesucht. Das allein ist so neu und aufwühlend, dass die Kärglichkeit des Aufgefundenen dahinter zurücktritt.

Die Prozessakte ist leider nicht überliefert. Dagegen ist die Gefangenenpersonalakte aus dem Zuchthaus Tegel erhalten. Am Ende der wenigen Seiten findet sich der Vermerk, dass der Gefangene sich selbst tötete. Ein solcher Vermerk sei nach Kenntnis und Erfahrung der Forscher glaubhaft. Nach Durchsicht Tausender Personalakten von Gefangenen der Berliner Strafanstalten aus der NS-Zeit sei bislang kein einziger Fall aufgetaucht, in dem Gefangene willkürlich getötet worden wären. Allerdings seien die Verhältnisse im NS-Strafvollzug während des Krieges auch in Deutschland so schlimm gewesen, dass sich Verurteilte nicht selten in den ersten Tagen nach der Einlieferung in den Regelvollzug das Leben nahmen. Und: „Allein die Tatsache, dass Ihr Großvater bereits in der Nacht nach der Einlieferung gestorben ist, deutet auf eine zusätzliche Unrechtsmaßnahme hin, z.B. Misshandlung vor oder nach der Einlieferung."

Das Urteil gegen Otto Globig wurde durch das Gesetz zur Aufhebung nationalsozialistischer Unrechtsurteile von 1998 aufgehoben. Seitdem gilt er als rehabilitiert. Eine Bescheinigung darüber ist auf meinen Antrag von der Staatsanwaltschaft Berlin ausgestellt worden.

Großvater, Du bist seit siebzig Jahren tot. Was also soll jetzt noch eine Bescheinigung darüber, dass Dir mit der Verurteilung nach dem Heimtückegesetz Unrecht geschehen ist. Wem kann sie noch nützen? Ich glaube, ich, Deine Enkelin, brauche sie. Die Bescheinigung gegen den Schweigenebel. Gegen die schändliche Unterstellung, Du seist selber schuld gewesen. Gegen die unbestimmte Scham, einen solchen Großvater zu haben.

Ich will etwas in Händen halten, das mir sagt, er war unschuldig. Es stimmt, was er in seinem Lebenslauf schrieb am Tag der Aufnahme ins Strafgefängnis Tegel auf die Frage: Gestehen Sie die Ihnen zur Last gelegte Tat? Antwort: Niemals solche begangen.

Mein Großvater Otto Globig war ein aufrechter Mensch.

Danksagung

An erster Stelle danke ich Dr. Erna R. Fanger von Herzen für ihre Ermutigung und engagierte Unterstützung, durch die aus einem privaten Text dieses, nun der Öffentlichkeit zugängige Büchlein werden konnte.

Mein Dank gilt ebenfalls dem Forum Justizgeschichte e. V., dessen Arbeit ehrenamtlich und ohne jede staatliche Unterstützung geleistet wird. Der hilfreichen Korrespondenz mit Herrn Dr. Kramer und Herrn Dr. Bästlein verdanke ich entscheidende Hinweise, u.a. auf das Landesarchiv Berlin, in dem ich die Gefangenenkarteikarte zu Otto Globig einsehen konnte.

Allem zugrunde liegt, dass mein Mann Helmuth Schirmacher die Annäherung an meinen Großvater Otto Globig unerschütterlich für wichtig hielt.

Vita

Barbara Schirmacher wuchs in Heiligenhafen an der Ostsee auf. Sie studierte in Hamburg und Tübingen Pädagogik und Theologie und war etwa 20 Jahre lang Lehrerin.

Dann ließ sie sich zur Psychotherapeutin ausbilden und arbeitete in eigener Praxis.

Sie zog drei Kinder auf, lebt mit ihrem Mann in Hamburg und hat Freude an ihren fünf Enkelkindern.

Das Schreiben ist indessen in den Mittelpunkt ihres Lebens gerückt.